JN013759

至福の
チーズケーキ本

空想喫茶トラノコク

はじめに

古代ギリシャから現代に至るまで、チーズケーキは人々の心を掴み続けてきました。時代の流れに寄り添いながら、おなじみの存在として愛され続けているこのケーキ。しかし、「チーズケーキ」と一口に言っても、その姿や味わいはさまざまです。

ふんわり・しっとり・とろ〜り…etc.

みなさんはどんなチーズケーキを思い浮かべるでしょうか。

喫茶巡りが好きな僕たちは、やっぱり喫茶店のチーズケーキを思い浮かべます。お皿に乗った姿には、いつも胸が高鳴ります。一口食べると、懐かしい風味の中に、同じ味はひとつとしてない、そのお店ならではの味を感じることができるのです。それが僕たちのささやかな楽しみです。

喫茶文化のように多くの世代から愛される存在。

チーズケーキと喫茶の世界を繋ぐ一冊が今回できあがりました。

おうちで過ごす人も、外でくつろぎたい人も、どちらも楽しめる本になるよう心がけました。

いろんなお店を渡り歩いた中で、渾身のチーズケーキを手がけるお店や、試行錯誤を繰り返して生み出したチーズケーキのレシピを載せています。僕らが想いを込めて作ったこの本を通じて、みなさんが思い思いの至福のひとときを過ごしてくれたら嬉しいです。

トラノコク

メンバー紹介

もうそう店長

喫茶トラノコクの店長。
夢と妄想でできた神出鬼没の存在。

7

トラノコクの店員。
料理再現とお絵描きが趣味。

Kon

トラノコクの店員。
喫茶巡りが趣味。

ツッチー

トラノコクの店員。
料理担当のスイーツ男子。

ユーピケ

トラノコクの店員。
ととのえることが趣味のサウナー。

もくじ

Part 6 空想チーズケーキ
Fancy Cheesecake

column

Part 1

ベイクドチーズケーキ

Baked Cheesecake

Basic and Arrangement

濃厚なチーズの風味と
サクサクのボトムが魅力の
ベイクドチーズケーキ。
口溶けの良さと絶妙な甘さが楽しめ、
懐かしい味わいが広がる人気のスイーツ。

王道ベイクドチーズケーキ

クリーミーなチーズとずっしり、しっかり生地を絶妙に合わせ、
焼くだけで贅沢な味わいを楽しめます。

| 材料（底が取れる15cm丸型1個）|

クリームチーズ……200g
卵……2個
生クリーム……200ml
薄力粉……30g
レモン汁……15g
グラニュー糖……80g

[ボトム]
ビスケット……60g
無塩バター……30g

| 作り方 |

1　ポリ袋にビスケットを入れ麺棒で細かくくだき、ボウルに移し、溶かしたバターを加えて混ぜる（a）。

2　1を型の底に敷き詰めて（b）、冷蔵庫で冷やす。

3　クリームチーズをボウルに入れ、ヘラでなめらかになるまで練り（c）、グラニュー糖を加え、よく混ぜる（d）。

4　溶き卵、生クリーム、レモン汁を順に加えてその都度、混ぜ合わせる（e）。

5　薄力粉をふるいながら入れ、さらに混ぜる（f）。

6　型に生地を流し込み（g）5cmほどの高さから落として空気を抜く。

7　スプーンで表面をならしたら（h）、170℃に予熱したオーブンで40分焼く。焼き上がって粗熱が取れたら冷蔵庫で3時間ほど冷やす。

| 事前準備 |

・クリームチーズと卵を常温に戻しておく。
・卵を溶いておく。
・型の内側にバター（分量外）を塗っておく。
・クッキングシートを型の側面と底面に貼っておく。
・バターを600Wの電子レンジで20秒程度加熱し溶かしておく。
・オーブンを170℃に予熱しておく。

紅茶のベイクドチーズケーキ

香り高い紅茶とチーズが組み合わさった、贅沢な一品をお楽しみください。

| 材料 (底が取れる15cm丸型1個) |

クリームチーズ……200g
グラニュー糖……80g
生クリーム……200ml
アールグレイ茶葉ティーバッグ……1袋分 (9g)
卵……2個
レモン汁……大さじ1
薄力粉……大さじ2

[ボトム]
アールグレイ茶葉……5g
ビスケット……60g
無塩バター……30g

| 事前準備 |

・クリームチーズと卵を常温に戻しておく。

・卵を溶いておく。

・型の内側にバター(分量外)を塗っておく。

・クッキングシートを型の側面と底面に貼っておく。

・バターを600Wの電子レンジで20秒程度加熱し溶かしておく。

・オーブンを170℃に予熱しておく。

| 作り方 |

1 ポリ袋にビスケットを入れ麺棒で細かくくだき、ボウルに移し、アールグレイ茶葉と溶かしたバターを加えて混ぜる。

2 1を型の底に敷き詰めて、冷蔵庫で冷やす。

3 小鍋に生クリーム、アールグレイ茶葉を入れて弱火で熱し(a)、沸騰直前まで加熱したら別容器に移し冷ましておく。

4 クリームチーズをボウルに入れ、ヘラでなめらかになるまで練り、グラニュー糖を加え、よく混ぜる。

5 溶き卵、3、レモン汁を順に加えてその都度、混ぜ合わせる。

6 薄力粉をふるいながら入れ、さらに混ぜる。

7 型に生地を流し込み、5cmほどの高さから落として空気を抜く。

8 170℃に予熱したオーブンで40分焼く。

9 粗熱が取れたら冷蔵庫で3時間ほど冷やす。

チャイベイクドチーズケーキ

スパイスの香りとチーズのクリーミーさが楽しめる、ユニークな味わいです。

| 材料 (15×15cm四角型1個) |

クリームチーズ……200g

グラニュー糖……80g

生クリーム……200ml

アッサム茶葉ティーバッグ……1袋分 (9g)

卵……2個

レモン汁……大さじ1

薄力粉……大さじ2

シナモンパウダー……1g

(あれば)カルダモンパウダー……小さじ1

[ボトム]

アッサム茶葉……5g

シナモンパウダー……小さじ1

(あれば)カルダモンパウダー……小さじ1

ビスケット……60g

無塩バター……30g

| 事前準備 |

・クリームチーズと卵を常温に戻しておく。

・卵を溶いておく。

・型の内側にバター(分量外)を塗っておく。

・クッキングシートを型の側面と底面に貼っておく。

・バターを600Wの電子レンジで20秒程度加熱し溶かしておく。

・オーブンを170℃に予熱しておく。

| 作り方 |

1 ポリ袋にビスケットを入れ麺棒で細かくくだき、ボウルに移し、アッサム茶葉とスパイス、溶かしたバターを加えて混ぜる。

2 1を型の底に敷き詰めて、冷蔵庫で冷やす。

3 小鍋に生クリーム、アッサム茶葉を入れて弱火で熱し (a)、沸騰直前まで加熱したら別容器に移し冷ましておく。

4 クリームチーズをボウルに入れ、ヘラでなめらかになるまで練り、グラニュー糖を加え、よく混ぜる。

5 溶き卵、3、レモン汁を順に加えてその都度、混ぜ合わせる。

6 薄力粉とスパイスをふるいながら入れ、さらに混ぜる。

7 型に生地を流し込み、5cmほどの高さから落として空気を抜く。

8 170℃に予熱したオーブンで40分焼く。

9 粗熱が取れたら冷蔵庫で3時間ほど冷やす。

スモークチーズの
ベイクドチーズケーキ

燻製の風味が加わり、お酒のお供にもなります。

| 材料 (直径7cmマフィンカップ6個分) |

クリームチーズ……200g

スモークチーズ……100g

生クリーム……100ml

グラニュー糖……50g

卵……1個

薄力粉……20g

レモン汁……大さじ1/2

[ボトム]

ミックスナッツ……50g

ドライレーズン……20g

はちみつ……20g

無塩バター……10g

| 事前準備 |

・クリームチーズとスモークチーズと卵を
　常温に戻しておく。

・卵を溶いておく。

・バターを600Wの電子レンジで20秒程
　度加熱し溶かしておく。

・スモークチーズを細かく刻んでおく(a)。

・オーブンを180℃に予熱しておく。

| 作り方 |

1 ポリ袋にミックスナッツを入れ麺棒で細
　かくくだき、ボウルに移し、ドライレーズ
　ンとはちみつ、溶かしたバターを加えて
　混ぜる。

2 1をマフィンカップの底に敷き詰めて、冷
　蔵庫で冷やす。

3 クリームチーズをボウルに入れ、ヘラで
　なめらかになるまで練り、グラニュー糖
　を加え、よく混ぜる。

4 溶き卵、生クリーム、レモン汁、スモーク
　チーズを順に加えてその都度、混ぜ合わ
　せる。

　＊スモークチーズは完全に混ぜ合わさらなく
　　ても大丈夫です。

5 薄力粉をふるいながら入れ、さらに混ぜ
　る。

6 カップに生地を流し込む。

7 180℃に予熱したオーブンで25〜30分
　焼く。

8 粗熱が取れたら冷蔵庫で3時間ほど冷
　やす。

スフレ・チーズケーキ

Souffle Cheesecake

Basic and Arrangement

軽やかな食感と
ふんわりとした口当たりが特徴の
スフレチーズケーキ。エアリーな構造と
濃厚なチーズの風味が絶妙にマッチし、
一口食べると優しい甘さが口いっぱいに広がる。

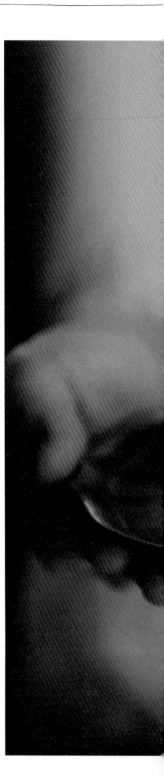

王道スフレチーズケーキ

しっとりとした生地で軽やかな口当たり。
クリーミーなチーズの風味を楽しむ、人気のスイーツレシピです。

| 材料（底が取れる15cm丸型1個）|

クリームチーズ……100g

卵……3個

牛乳……100ml

無塩バター……50g

グラニュー糖……60g

薄力粉……40g

| 事前準備 |

・クリームチーズと卵を常温に戻しておく。

・卵を卵黄と卵白に分けておく。

・型の内側にバター（分量外）を塗っておく。

・クッキングシートを型の側面と底面に貼っておく。

・オーブンを210℃に予熱しておく。

| 作り方 |

1 クリームチーズをボウルに入れ、ヘラでなめらかになるまで練り混ぜる（a）。

2 牛乳とバターを加え（b）、ラップをして600Wの電子レンジで2分30秒温める。

3 溶け残りがないように混ぜ合わせ、卵黄を加えてさらに混ぜる（c）。

4 薄力粉をふるって加え（d）、しっかりと混ぜ合わせる。

5 別のボウルで、卵白にグラニュー糖を一気に加え電動ホイッパーを使って高速で泡立てる（e）。

6 とろりとしてきたら速度を落としてさらに泡立て、ツノがゆっくりと垂れるくらいで留める（f）。

7 4に6の泡立てたメレンゲを少量加え、しっかり混ぜ、残りのメレンゲを2、3回に分けて混ぜ合わせる（g）。

8 ボウルの底に残らないようにヘラで掬い上げるようにしてしっかりと混ぜ合わせたら（h）、型に流し込む。

9 箸を型の底につけて差し込み、くるくると回して中の空気を抜いて均一にする（i）。

10 天板の上にバットを敷いてその上に9を置き、熱いお湯（65〜100℃程度）を天板に注ぐ（j）。

11 オーブンを200℃に下げ8分→140℃に下げてさらに40分、湯煎焼きする（k）。

12 焼き上がったらすぐ型から外す（l）。

抹茶のスフレチーズケーキ

濃厚な抹茶の風味とふんわり軽やかな食感の和スイーツのレシピです。

| 材料 (底が取れる15cm丸型1個) |

クリームチーズ……100g
卵……3個
牛乳……100ml
無塩バター……50g
グラニュー糖……60g
薄力粉……40g
抹茶……5g

| 事前準備 |

・クリームチーズと卵を常温に戻しておく。
・卵を卵黄と卵白に分けておく。
・型の内側にバター(分量外)を塗っておく。
・クッキングシートを型の側面と底面に貼っておく。
・オーブンを210℃に予熱しておく。

| 作り方 |

1 クリームチーズをボウルに入れ、ヘラでなめらかになるまで練り混ぜる。

2 牛乳とバターを加え、ラップをして600Wの電子レンジで2分30秒温める。

3 溶け残りがないように混ぜ合わせ、卵黄を加えてさらに混ぜる。

4 薄力粉と抹茶をふるって加え(ⓐ)、しっかりと混ぜ合わせる。

5 別のボウルで、卵白にグラニュー糖を一気に加え電動ホイッパーを使って高速で泡立てる。

6 とろりとしてきたら速度を落としてさらに泡立て、ツノがゆっくりと垂れるくらいで留める。

7 4に6の泡立てたメレンゲを少量加え、しっかり混ぜ、残りのメレンゲを2、3回に分けて混ぜ合わせる。

8 ボウルの底に残らないようにヘラで掬い上げるようにしてしっかりと混ぜ合わせたら、型に流し込む。

9 箸を型の底につけて差し込み、くるくると回して中の空気を抜いて均一にする。

10 天板の上にバットを敷いてその上に9を置き、熱いお湯(65〜100℃程度)を天板に注ぐ。

11 オーブンを200℃に下げ8分→140℃に下げてさらに40分、湯煎焼きする。

12 焼き上がったらすぐ型から外す。

ブラックスフレチーズケーキ

ブラックココアと竹炭パウダーを使った真っ黒なスフレチーズケーキです。

| 材料 (底が取れる15cm丸型1個) |

クリームチーズ……100g
卵……3個
牛乳……100ml
無塩バター……50g
グラニュー糖……60g
薄力粉……40g
ブラックココアパウダー……5g
竹炭パウダー……小さじ1

| 事前準備 |

・クリームチーズと卵を常温に戻しておく。
・卵を卵黄と卵白に分けておく。
・型の内側にバター(分量外)を塗っておく。
・クッキングシートを型の側面と底面に貼っておく。
・オーブンを210℃に予熱しておく。

| 作り方 |

1 クリームチーズをボウルに入れ、ヘラでなめらかになるまで練り混ぜる。

2 牛乳とバターを加え、ラップをして600Wの電子レンジで2分30秒温める。

3 溶け残りがないように混ぜ合わせ、卵黄を加えてさらに混ぜる。

4 薄力粉、ブラックココアパウダー、竹炭パウダーをふるって加え (a)、しっかりと混ぜ合わせる。

5 別のボウルで、卵白にグラニュー糖を一気に加え電動ホイッパーを使って高速で泡立てる。

6 とろりとしてきたら速度を落としてさらに泡立て、ツノがゆっくりと垂れるくらいで留める。

7 4に6の泡立てたメレンゲを少量加え、しっかり混ぜ、残りのメレンゲを2、3回に分けて混ぜ合わせる。

8 ボウルの底に残らないようにヘラで掬い上げるようにしてしっかりと混ぜ合わせたら、型に流し込む。

9 箸を型の底につけて差し込み、くるくると回して中の空気を抜いて均一にする。

10 天板の上にバットを敷いてその上に9を置き、熱いお湯(65~100℃程度)を天板に注ぐ。

11 オーブンを200℃に下げ8分→140℃に下げてさらに40分、煎焼きする。

12 焼き上がったらすぐ型から外す。

ニューヨークチーズケーキ

New york Cheesecake

Basic and Arrangement

濃厚なクリームチーズと
サワークリームの酸味が特徴の
ニューヨークチーズケーキ。
贅沢なチーズの風味が口いっぱいに広がり、
甘さ控えめでシンプルな味わいが楽しめる。

王道ニューヨークチーズケーキ

サワークリームの酸味が魅力のシンプルで美味しいレシピです。

| 材料（底が取れる15cm丸型1個）|

クリームチーズ……300g
サワークリーム……100g
グラニュー糖……80g
コーンスターチ……8g
卵……1個
レモン汁……10g

［ボトム］
ビスケット……70g
無塩バター……40g

| 事前準備 |

- クリームチーズとサワークリームと卵を常温に戻しておく。
- 卵を溶いておく。
- 型の内側にバター（分量外）を塗っておく。
- クッキングシートを型の側面と底面に貼っておく。
- バターを600Wの電子レンジで20秒程度加熱し溶かしておく。
- オーブンを160℃に予熱しておく。

| 作り方 |

1 ポリ袋にビスケットを入れ麺棒で細かくくだき（a）、ボウルに移し、溶かしたバターを加えて混ぜる（b）。

2 1を型の底に敷き詰めて（c）、冷蔵庫で冷やす。

3 クリームチーズをボウルに入れ、ヘラでなめらかになるまで練り（d）、グラニュー糖を加え、よく混ぜる（e）。

4 サワークリームを加え、よく混ぜる（f）。

5 溶き卵、コーンスターチ、レモン汁を順に加えてその都度、混ぜ合わせる（g）。

6 型に生地を流し込み（h）、スプーンなどで表面をならし（i）、5cmほどの高さから落として空気を抜く。

7 天板の上にバットを敷いてその上に6を置き、熱いお湯（65〜100℃程度）を天板に注いだら、オーブンで50〜60分、好みの焼き目がつくまで湯煎焼きし、粗熱が取れたら冷蔵庫で3時間ほど冷やす。

  ＊45分を超えると急に焼き目がついてくるので、様子を見て好みの焼き色になったら取り出す。

ブルーベリー
ニューヨークチーズケーキ

濃厚なチーズケーキに甘酸っぱいブルーベリーを合わせた、贅沢なデザートのレシピです。

| 材料 (底が取れる15cm丸型1個) |

クリームチーズ……300g

サワークリーム……100g

グラニュー糖……50g

ホワイトチョコレート……100g

卵……1個

レモン汁……大さじ1

ブルーベリー……100g

薄力粉……小さじ2

[ボトム]

ブラックココアクッキー……70g

無塩バター……40g

[飾り]

ブルーベリー……適量

| 事前準備 |

・クリームチーズとサワークリームと卵を
　常温に戻しておく。

・卵を溶いておく。

・型の内側にバター (分量外) を塗っておく。

・クッキングシートを型の側面と底面に貼
　っておく。

・バターを600Wの電子レンジで20秒程
　度加熱し溶かしておく。

・ブルーベリーに薄力粉をまぶして合わせ
　ておく (ⓐ)。

・ホワイトチョコレートを湯煎で溶かして
　おく。

・オーブンを160℃に予熱しておく。

| 作り方 |

1　ポリ袋にブラックココアクッキーを入れ
　麺棒で細かくくだき、ボウルに移し、溶
　かしたバターを加えて混ぜる。

2　1を型の底に敷き詰めて、冷蔵庫で冷やす。

3　クリームチーズをボウルに入れ、ヘラで
　なめらかになるまで練り、グラニュー糖
　を加え、よく混ぜる。

4　サワークリームを加え、よく混ぜる

5　溶かしたホワイトチョコレート、溶き卵、
　レモン汁を順に加えてその都度、混ぜ合
　わせる。

6　型に生地を1/3ほど流し込み、薄力粉を
　まぶしたブルーベリーを全体に並べる。

7　残りの生地を流し入れ、スプーンなどで
　表面をならし、5cmほどの高さから落と
　して空気を抜く。

8　天板の上にバットを敷いてその上に7を
　置き、熱いお湯 (65〜100℃程度) を天板に
　注ぐ。

9　オーブンで15分湯煎焼きしたら一度取
　り出し、[飾り]のブルーベリーを1周置き、
　さらに35〜45分、好みの焼き目がつく
　まで湯煎焼きする。

10　粗熱が取れたら冷蔵庫で3時間ほど冷
　やす。

カフェモカ
ニューヨークチーズケーキ

コーヒーとチョコレートの風味が絶妙にマッチした、ちょっぴり大人な味わいのレシピです。

| 材料 (底が取れる15cm丸型1個) |

クリームチーズ……300g
サワークリーム……100g
グラニュー糖……50g
ミルクチョコレート……100g
卵……1個
インスタントコーヒー……大さじ1
お湯……大さじ1

[ボトム]
ビスケット……70g
無塩バター……40g

| 事前準備 |

・クリームチーズとサワークリームと卵を常温に戻しておく。

・卵を溶いておく。

・型の内側にバター(分量外)を塗っておく。

・クッキングシートを型の側面と底面に貼っておく。

・バターを600Wの電子レンジで20秒程度加熱し溶かしておく。

・インスタントコーヒーにお湯を加えて溶かし、混ぜておく。

・包丁で細かくしたミルクチョコレートを湯煎で溶かしておく(ⓐ)。

・オーブンを160℃に予熱しておく。

| 作り方 |

1 ポリ袋にビスケットを入れ麺棒で細かくくだき、ボウルに移し、溶かしたバターを加えて混ぜる。

2 1を型の底に敷き詰めて、冷蔵庫で冷やす。

3 クリームチーズをボウルに入れ、ヘラでなめらかになるまで練り、グラニュー糖を加え、よく混ぜる。

4 サワークリーム、溶かしたミルクチョコレート、溶き卵、お湯で溶いたインスタントコーヒーを順に加えてその都度、混ぜ合わせる。

5 型に生地を流し込み、スプーンなどで表面をならし、5cmほどの高さから落として空気を抜く。

6 天板の上にバットを敷いてその上に5を置き、熱いお湯(65~100℃程度)を天板に注ぐ。

7 オーブンで50~60分、好みの焼き目がつくまで湯煎焼きする。

8 粗熱が取れたら冷蔵庫で3時間ほど冷やす。

キャラメルとバナナの
ニューヨークチーズケーキ

キャラメルのほろ苦さとバナナの甘みが合わさった、贅沢なスイーツのレシピです。

| 材料（底が取れる15cm丸型1個）|

［チーズケーキ生地］

クリームチーズ……300g

サワークリーム……100g

きび糖……80g

コーンスターチ……8g

卵……1個

バナナ……2〜3本

［焦がしキャラメル］

グラニュー糖……100g

水……20ml

生クリーム……50ml

塩……ひとつまみ

| 事前準備 |

・クリームチーズとサワークリームと卵を常温に戻しておく。

・卵を溶いておく。

・型の内側にバター（分量外）を塗っておく。

・クッキングシートを型の側面と底面に貼っておく。

・バターを600Wの電子レンジで20秒程度加熱し溶かしておく。

・オーブンを160℃に予熱しておく。

| 作り方 |

バナナと［焦がしキャラメル］

1 2〜3本のバナナを縦半分に切り(a)、平らな断面を下にして隙間を空けないように並べる。

2 型の大きさに合わせてバナナを切り(b)、型の底に敷き詰める。余ったバナナはとっておく。

3 小鍋にグラニュー糖と水を入れ、火にかける。小鍋を揺すりながら煮立たせカラメルを作る。

4 濃い茶色になってきたら火を止め生クリームを注ぎ入れ、ヘラでよく混ぜ塩をひとつまみ加える。

5 型に敷き詰めたバナナの上に4を注ぎ入れ、ヘラで全体に広げる。

6 粗熱が取れたら冷蔵庫で冷やしておく。

［チーズケーキ生地］

1 型に敷き詰める時に余ったバナナをボウルに入れ、フォークなどでつぶし、きび糖の1/2を加えてよく混ぜる。

2 別のボウルにクリームチーズを入れ、ヘラでなめらかになるまで練り、残りのきび糖を加えてよく混ぜる。

3 2のボウルに1、サワークリーム、溶き卵、コーンスターチを順に加えてその都度、混ぜ合わせる。

4 型に生地を流し込み、スプーンなどで表面をならし、5cmほどの高さから落として空気を抜く。

5 天板の上にバットを敷いてその上に4を置き、熱いお湯（65〜100℃程度）を天板に注ぐ。

6 オーブンで50〜60分、好みの焼き目がつくまで湯煎焼きする。

7 粗熱が取れたら冷蔵庫で3時間ほど冷やす。

バスクチーズケーキ

Basque Cheesecake

Basic and Arrangement

外側は香ばしく、内側はなめらかな食感が特徴の
バスクチーズケーキ。
焼き上げることで表面がキャラメリゼし、
濃厚なチーズの風味が引き立つ。
シンプルながらも独特の味わいで
人気を集めるスペインの伝統的なスイーツ。

王道バスクチーズケーキ

クリーミーなチーズと香ばしい表面が特徴の、シンプルで美味しい
スペインの伝統的なレシピをご紹介します。

| 材料（底が取れる15cm丸型1個）|

クリームチーズ……300g
グラニュー糖……60g
卵……2個
生クリーム（乳脂肪分35%）……250ml
コーンスターチ……15g
塩……1g

| 事前準備 |

・クリームチーズと卵を常温に戻しておく。
・卵を溶いておく。
・クッキングシートを水で濡らし、くしゃくしゃに丸め
　て広げ、水気をとって型に敷いておく。
・オーブンを220℃に予熱しておく。

| 作り方 |

1　クリームチーズをボウルに入れ、ヘ
　　ラでなめらかになるまで練り、グラ
　　ニュー糖を加え、よく混ぜる（a）。

2　溶き卵、生クリーム、コーンスターチ、
　　塩を順に加えてその都度、混ぜ合わ
　　せる（b）。

3　ザルで一度、生地を濾してなめらか
　　にする（c）。

4　型に生地を流し込み（d）、5cmほど
　　の高さから落として空気を抜いたら、
　　220℃に予熱したオーブンで30分
　　焼く。焼き上がって、粗熱が取れた
　　ら冷蔵庫で3時間ほど冷やす。

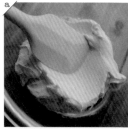

ブルーチーズ
バスクチーズケーキ

風味豊かなブルーチーズの独特な香りと塩気がアクセントのユニークなレシピです。

| 材料（18cmパウンドケーキ型1個）|

クリームチーズ……200g
グラニュー糖……80g
卵……2個
生クリーム……200ml
ゴルゴンゾーラ ドルチェ……30g
コーンスターチ……12g

| 事前準備 |

・クリームチーズと卵を常温に戻しておく。
・卵を溶いておく。
・クッキングシートを水で濡らし、くしゃく
　しゃに丸めて広げ、水気をとって型に敷
　いておく。
・ゴルゴンゾーラをダイス状にカットして
　おく(ⓐ)。
・オーブンを220℃に予熱しておく。

| 作り方 |

1　クリームチーズをボウルに入れ、ヘラで
　　なめらかになるまで練り、グラニュー糖
　　を加え、よく混ぜる。

2　溶き卵、生クリーム、コーンスターチ、ゴ
　　ルゴンゾーラを順に加えてその都度、混
　　ぜ合わせる。
　　＊ゴルゴンゾーラは生地全体に広がれば完
　　　全に混ぜ合わさらなくても大丈夫です。

3　型に生地を流し込み、5cmほどの高さ
　　から落として空気を抜く。

4　220℃に予熱したオーブンで25〜30分
　　焼く。

5　粗熱が取れたら冷蔵庫で3時間ほど冷
　　やす。

チョコバスクチーズケーキ

甘いミルクチョコレートとクリームチーズを合わせた、子供から大人まで楽しめるレシビです。

| 材料 (底が取れる15cm丸型1個) |

クリームチーズ……300g
グラニュー糖……60g
卵……2個
生クリーム……150ml
ミルクチョコレート……100g
コーンスターチ……8g
バニラオイル……適量

| 事前準備 |

・クリームチーズと卵を常温に戻しておく。

・卵を溶いておく。

・クッキングシートを水で濡らし、くしゃくしゃに丸めて広げ、水気をとって型に敷いておく。

・ミルクチョコレートを湯煎で溶かしておく(a)。

・オーブンを220℃に予熱しておく。

| 作り方 |

1 クリームチーズをボウルに入れ、ヘラでなめらかになるまで練り、グラニュー糖を加え、よく混ぜる。

2 溶き卵、溶かしたミルクチョコレート、生クリーム、コーンスターチ、バニラオイルを順に加えてその都度、よく混ぜ合わせる。

3 型に生地を流し込み、5cmほどの高さから落として空気を抜く。

4 220℃に予熱したオーブンで30分焼く。

5 粗熱が取れたら冷蔵庫で3時間ほど冷やす。

ミルクキャラメル
バスクチーズケーキ

ミルクキャラメルを使った手軽に作れるアレンジバスクチーズケーキです。

| 材料 (底が取れる15cm丸型1個) |

クリームチーズ……300g

グラニュー糖……60g

卵……2個

生クリーム……150ml

ミルクキャラメル……120g

コーンスターチ……6g

塩……1g

| 事前準備 |

・クリームチーズと卵を常温に戻しておく。

・卵を溶いておく。

・クッキングシートを水で濡らし、くしゃくしゃに丸めて広げ、水気をとって型に敷いておく。

・オーブンを220℃に予熱しておく。

| 作り方 |

1　クリームチーズをボウルに入れ、ヘラでなめらかになるまで練り、グラニュー糖を加え、よく混ぜる。

2　耐熱容器にミルクキャラメルを入れ、生クリームを加え (a)、ラップをして600Wの電子レンジで2分加熱する。

3　溶け残りがないように混ぜ溶かし、溶け残るようなら30秒ずつ追加で加熱していく。

4　溶き卵、3、コーンスターチ、塩を順に加えてその都度、混ぜ合わせる。

5　型に生地を流し込み、5cmほどの高さから落として空気を抜く。

6　220℃に予熱したオーブンで30分焼く。

7　粗熱が取れたら冷蔵庫で3時間ほど冷やす。

レアチーズケーキ

Rare Cheesecake

Basic and Arrangement

なめらかな口当たりと
フレッシュなチーズの風味が特徴のレアチーズケーキ。
焼かずに冷やして作るため、手軽に楽しめる。
口の中で溶けるような極上の味わいと
さまざまなフルーツやソースとの相性も良く、贅沢な一品。

王道レアチーズケーキ

シンプルな材料で作る、なめらかで濃厚なチーズケーキ。
焼かずに冷やすだけで完成する、手軽で美味しいスイーツのレシピです。

| 材料 (底が取れる15cm丸型1個) |

クリームチーズ……150g

グラニュー糖……70g

プレーンヨーグルト……70g

レモン汁……小さじ1

生クリーム (乳脂肪分42%)……150ml

粉ゼラチン……3g

水……大さじ2

[ボトム]

ビスケット……60g

無塩バター……30g

| 事前準備 |

・クリームチーズを常温に戻しておく。

・水に粉ゼラチンを加え、ふやかしておく。

・型の内側にバター (分量外) を塗っておく。

・バターを600Wの電子レンジで20秒程度加熱し溶かしておく。

| 作り方 |

1 ポリ袋にビスケットを入れ麺棒で細かくくだき (a)、ボウルに移し、溶かしたバターを加えて混ぜる (b)。

2 1を型の底に敷き詰めて (c)、冷蔵庫で冷やす。

3 クリームチーズをボウルに入れ、ヘラでなめらかになるまで練り (d)、グラニュー糖を加えてよく混ぜる。

4 ヨーグルト、レモン汁を加えて、なめらかになるまで混ぜ合わせる (e)。

5 別のボウルで、生クリームを7分立てになるまで泡立てる (f)。

6 4に5を2〜3回に分けて加え、ヘラでさっくりと混ぜる (g)。

7 ゼラチンを600Wの電子レンジで20秒加熱し溶かして、ボウルに加えたら、すばやく混ぜる (h)。

8 型に流して入れ (i)、スプーンなどで表面をならしたら (j)、冷蔵庫で3時間以上冷やす。

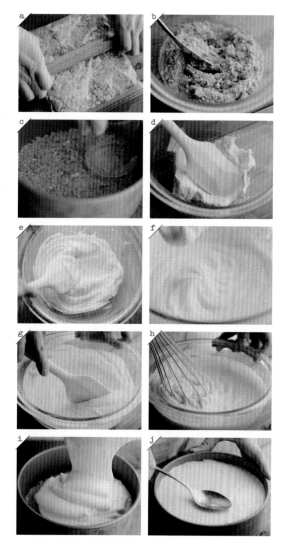

クレームダンジュ

ギリシャヨーグルトで手軽に作る、フランスの伝統的なデザートです。

| 材料 (4個分) |

[チーズケーキ生地]
クリームチーズ……200g
グラニュー糖……40g
ギリシャヨーグルト……150g
生クリーム……200ml

[ベリーソース]
冷凍ミックスベリー……150g
グラニュー糖……大さじ2
レモン汁……小さじ1

| 事前準備 |

・クリームチーズを常温に戻し
ておく。

・カップに合わせてガーゼを切
っておく。

| 作り方 |

[チーズケーキ生地]

1 クリームチーズをボウルに入れ、ヘラでなめらかになる
まで練り、グラニュー糖を加えてよく混ぜる。

2 ギリシャヨーグルトを加えてよく混ぜ合わせる。

3 別のボウルで、生クリームをツノが立つまで泡立てる。

4 2に3を加えて混ぜ合わせる。

5 プリンカップなど深さのあるカップの内側にガーゼを敷
き、4を流し入れ (a)、ガーゼの口をゴムなどで閉じる (b)。
同じものを4つ作る。

6 プリンカップの中で空間ができるように、ガーゼの下に
キッチンペーパーを敷いて、冷蔵庫で8時間以上冷やす。

[ベリーソース]

1 小鍋に冷凍ミックスベリー、グラニュー糖を入れ、蓋を
して中火にかける。

2 沸騰したら弱火にし、8分ほど加熱する。

3 蓋を開けレモン汁を加えたら、好みの水分量になるまで
水気を飛ばす。

4 粗熱を取る。

プリンカップで作る
いちごのレアチーズケーキ

甘酸っぱいいちごを使った至福のワンプレートデザートです。

| 材料 (プリンカップ4個分) |

クリームチーズ……200g

グラニュー糖……70g

プレーンヨーグルト……100g

レモン汁……小さじ2

生クリーム……150ml

粉ゼラチン……3g

水……大さじ2

ビスケット……4枚

いちご……1パック分

| 事前準備 |

・クリームチーズを常温に戻しておく。

・水に粉ゼラチンを加え、ふやかしておく。

・カップの内側にバター (分量外) を塗っておく。

| 作り方 |

1 飾り用のいちごを取り分けておき、残りのいちご (約150g) をミキサーやフードプロセッサーなどを使ってピューレ状にする。

2 1をザルに移し、ヘラで押さえるようにして濾す。

3 クリームチーズをボウルに入れ、ヘラでなめらかになるまで練り、グラニュー糖を加えてよく混ぜる。

4 ヨーグルト、生クリーム、2、レモン汁を順に加えて、その都度よく混ぜ合わせる (ⓐ)。

5 ゼラチンを600Wの電子レンジで20秒加熱し溶かして、ボウルに加えたら、すばやく混ぜる。

6 カップに流し入れビスケットを乗せたら、冷蔵庫で3時間以上冷やす。

7 カップから外し、皿に盛り付け、飾り用のホイップクリーム (分量外) といちごを添える。

白いコーヒーレアチーズケーキ

見た目からは想像できないコーヒーの風味。食べて驚く魅惑のデザートです。

| 材料 (180mlのグラス4個分) |

クリームチーズ……200g
グラニュー糖……70g
生クリーム……200ml
コーヒー豆……50g
粉ゼラチン……3g
水……大さじ2

[ボトム]
ビスケット……60g
無塩バター……30g

| 事前準備 |

・クリームチーズを常温に戻しておく。
・水に粉ゼラチンを加え、ふやかしておく。
・バターを600Wの電子レンジで20秒
　程度加熱し溶かしておく。

| 作り方 |

1 生クリームにコーヒー豆を入れ (a)、3時
　間冷蔵庫に入れて浸けておく。

2 ポリ袋にビスケットを入れ麺棒で細かく
　くだき、ボウルに移し、溶かしたバター
　を加えて混ぜる。

3 2をグラスの底に敷き詰めて、冷蔵庫で
　冷やす。

4 クリームチーズをボウルに入れ、ヘラで
　なめらかになるまで練り、グラニュー糖
　を加えてよく混ぜる。

5 1をザルで濾して加え、混ぜ合わせる。

6 ゼラチンを600Wの電子レンジで20秒
　加熱し溶かして、ボウルに加えたら、す
　ばやく混ぜる。

7 3に流し入れ、冷蔵庫で3時間以上冷やす。

8 コーヒー豆 (分量外) を添える。

カッサータ風
アイスレアチーズケーキ

フルーツとナッツの香りが広がる夏に食べたいひんやりデザートです。

| 材料 (18cmパウンドケーキ型1個) |

クリームチーズ……150g
グラニュー糖……60g
プレーンヨーグルト……100g
生クリーム (乳脂肪分40%) ……150ml
ドライフルーツミックス……50g
ミックスナッツ……50g

| 事前準備 |

・クリームチーズを常温に戻しておく。
・型の内側にクッキングシートを敷いておく。
・ドライフルーツをザルに入れ熱湯をかけて(a)、水気を切っておく。
・ミックスナッツは粗めに刻んでおく。

| 作り方 |

1 クリームチーズをボウルに入れ、ヘラでなめらかになるまで練り、グラニュー糖を加えてよく混ぜる。

2 ヨーグルトを加えてよく混ぜ合わせる。

3 別のボウルで、生クリームをツノが立つまで泡立てる。

4 2に3、ドライフルーツ、ミックスナッツを加えて混ぜ合わせる。

5 型に流し入れ、スプーンなどで表面をならし、冷凍庫で一晩冷やし固める。

桜のレアチーズケーキ

春の訪れを感じる桃色のゼリーと、桜の香りが楽しめる
季節感あふれるスイーツのレシピです。

| 材料 (底が取れる15cm丸型1個) |

[チーズケーキ生地]

クリームチーズ……200g

生クリーム……200ml

グラニュー糖……40g

桜パウダー……5g

レモン汁……小さじ2

粉ゼラチン……3g

水……大さじ2

[ボトム]

ビスケット……60g

無塩バター……30g

[桜ゼリー]

水……150ml

グラニュー糖……20g

粉ゼラチン……5g

水……大さじ2

桜リキュール……20ml

桜の塩漬け……適量

水 (塩抜き用)……適量

| 事前準備 |

・クリームチーズを常温に戻しておく。

・水に粉ゼラチンを加え、生地用・ゼリー
用それぞれふやかしておく。

・型の内側にバター(分量外)を塗っておく。

・バターを600Wの電子レンジで20秒程
度加熱し溶かしておく。

| 作り方 |

1　ポリ袋にビスケットを入れ麺棒で細か
くくだき、ボウルに移し、溶かしたバタ
ーを加えて混ぜる。

2　1を型の底に敷き詰めて、冷蔵庫で冷や
す。

3　クリームチーズをボウルに入れ、ヘラで
なめらかになるまで練り、グラニュー糖
を加えてよく混ぜる。

4　別のボウルに桜パウダーを入れ、生ク
リームを少しずつ注ぎ混ぜ合わせる。

5　3に4を3〜4回に分けながら加え、均一
になるまでしっかり混ぜ合わせる。

6　生地用のゼラチンを600Wの電子レン
ジで20秒加熱し溶かして、レモン汁を
加える。

7　5に加え、すばやく混ぜたら型に流し入
れ、スプーンなどで表面をならしたら、
冷蔵庫で3時間以上冷やす。

8　小ボウルに桜の塩漬けと、かぶるくら
いの水を入れ、少し混ぜたら一度水を
捨て、もう一度かぶるくらいの水を入れ
て10分以上置く。

9　塩抜きができたらザルなどで水を切り、
茎など余分なものが付いていれば外し
ておく。

10　小鍋に水(150ml)、グラニュー糖、桜リ
キュールを入れ、中火で1分煮立たせる。

11　火からおろし、ゼリー用のゼラチンを加
え、溶け残りがないようにしっかりと混ぜ
合わせる。

12　粗熱が取れたら7に流し入れ(ⓐ)、塩抜き
した桜を箸などを使って入れていく(ⓑ)。
　＊揺すりながら入れることで花びらが開きや
　すくなります。

13　冷蔵庫で5時間以上冷やす。

 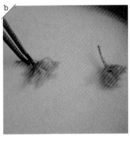

いちごとアールグレイの
レアチーズテリーヌ

爽やかなイチゴとアールグレイのフレーバーを楽しめるデザートのレシピです。

| 材料 (18cmパウンドケーキ型1個) |

クリームチーズ……200g

グラニュー糖……50g

生クリーム……200ml

アールグレイ茶葉ティーバッグ……1袋分 (9g)

粉ゼラチン……5g

水……大さじ2

いちご……6個

[ボトム]

ビスケット……60g

ホワイトチョコレート……30g

アールグレイ茶葉……小さじ1

| 事前準備 |

・クリームチーズを常温に戻しておく。

・水に粉ゼラチンを加え、ふやかしておく。

・型の内側にクッキングシートを敷いておく。

・ホワイトチョコレートを湯煎で溶かしておく。

| 作り方 |

1 ポリ袋にビスケットを入れ麺棒で細かくくだき、ボウルに移し、アールグレイ茶葉と溶かしたホワイトチョコレートを加えて混ぜる(a)。

2 1をクッキングシートを敷いた型の底に敷き詰めて、冷蔵庫で冷やす。

3 小鍋に生クリーム、アールグレイ茶葉を入れて弱火で熱し、沸騰直前まで加熱したら別容器に移し冷ましておく。

4 クリームチーズをボウルに入れ、ヘラでなめらかになるまで練り、グラニュー糖を加え、よく混ぜる。

5 3を加えて均一になるまで混ぜ合わせる。

6 ゼラチンを600Wの電子レンジで20秒加熱し溶かして、ボウルに加えたら、すばやく混ぜる。

7 型に1/4ほど底が見えなくなるまで流し入れたら、いちごを並べ、残りの生地を流し入れる。

8 スプーンなどで表面をならしたら、冷蔵庫で3時間以上冷やす。

りんごのバラゼリー＆
レアチーズケーキ

新鮮なりんごと濃厚なチーズが織りなす、美しい彩りと豊かな味わいのデザートのレシピです。

| 材料 (200mlグラス2個分) |

[チーズケーキ生地]

クリームチーズ……200g

生クリーム……100ml

プレーンヨーグルト……100g

グラニュー糖……70g

レモン汁……小さじ1

粉ゼラチン……3g

水……大さじ2

[りんごのバラ・りんごゼリー]

紅玉りんご……1個

グラニュー糖 (バラ用)……30g

レモン汁……小さじ2

水……200ml

グラニュー糖 (ゼリー用)……50g

レモン汁……大さじ1

粉ゼラチン……5g

水……大さじ2

| 事前準備 |

・クリームチーズを常温に戻しておく。

・水に粉ゼラチンを加え、生地用・ゼリー
　用それぞれふやかしておく。

| 作り方 |

[チーズケーキ生地]

1　クリームチーズをボウルに入れ、ヘラでなめらか
　　になるまで練り、グラニュー糖を加えてよく混ぜる。

2　ヨーグルト、生クリーム、レモン汁の順に加えて、
　　その都度よく混ぜる。ゼラチンを加えてよく混ぜる。

3　グラスに注ぎ入れ、冷蔵庫で3時間以上冷やす。

[りんごのバラ]

1　りんごを4等分に切り、芯をとって薄く切る。

2　耐熱容器に移し、グラニュー糖とレモン汁を加える。

3　500Wの電子レンジで5分加熱して、粗熱が取れ
　　たらりんごを取り出し水気を切る。残った液はとっ
　　ておく。

4　少しずつ下へずらしながら重ねて並べ、端からくる
　　くると巻いていく(a)。

[りんごゼリー]

1　耐熱容器に水 (200ml) とグラニュー糖、レモン汁、
　　[りんごのバラ]3で残った液を入れて混ぜ、600Wの
　　電子レンジで1分加熱する。

2　ゼラチンを加え溶け残りがないようにしっかりと
　　混ぜ合わせ、粗熱を取る。

3　グラスに少量ずつ流し入れ[りんごのバラ]を置き、さ
　　らにゼリー液を適量注いで冷蔵庫で3時間以上冷
　　やす。

ゼラチンなしで作る
レアチーズケーキ

究極の滑らかさと濃厚な味わいを楽しめる、繊細なチーズケーキです。

| 材料（底が取れる15cm丸型1個）|

クリームチーズ……200g
グラニュー糖……60g
生クリーム……200ml
レモン汁……小さじ1

［ボトム］
ココアビスケット……60g
ホワイトチョコ……30g

［ブルーベリーソース］
冷凍ブルーベリー……150g
グラニュー糖……大さじ2
レモン汁……小さじ1

| 事前準備 |

・クリームチーズを常温に戻して
　おく。
・型の内側にバター（分量外）を
　塗っておく。
・ホワイトチョコを湯煎してお
　く。

| 作り方 |

1　ポリ袋にココアビスケットを入れ麺棒で細かくくだき、
　　ボウルに移し、ホワイトチョコを加えて混ぜる。

2　1を型の底に敷き詰めて、冷蔵庫で冷やす。

3　クリームチーズをボウルに入れ、ヘラでなめらかにな
　　るまで練り、グラニュー糖を加えてよく混ぜる。

4　別のボウルで、生クリームを7分立てになるまで泡立
　　てたら、3を2〜3回に分けて加え、ヘラでさっくりと混
　　ぜ合わせる。

5　レモン汁を加えて混ぜ、型に流し入れ、スプーンなど
　　で表面をならしたら、冷蔵庫で3時間以上冷やす。

［ブルーベリーソース］

1　小鍋に冷凍ブルーベリー、グラニュー糖を入れ(a)、蓋
　　をして中火にかける。

2　沸騰したら弱火にし、8分ほど加熱する。

3　蓋を開けレモン汁を加えたら、好みの水分量になるま
　　で水気を飛ばす。

4　粗熱を取る。

はちみつレモンゼリーの
レアチーズケーキ

甘酸っぱいレモンと優しいはちみつの味わいが楽しめる、爽やかなチーズケーキです。

| 材料 (15×15cm四角型1個) |

[チーズケーキ生地]
クリームチーズ……200g
プレーンヨーグルト……100g
生クリーム……100ml
グラニュー糖……70g
レモン汁……大さじ1
粉ゼラチン……5g
水……大さじ2

[ボトム]
ビスケット……60g
無塩バター……30g

[はちみつレモンゼリー]
水……200ml
はちみつ……50g
レモン汁……大さじ1
粉ゼラチン……5g
水……大さじ2

[飾り]
レモン……適量
イタリアンパセリ or ミント……適量

| 事前準備 |

・クリームチーズを常温に戻しておく。
・水に粉ゼラチンを加え、生地用・ゼリー
　用それぞれふやかしておく。
・型の内側にバター (分量外) を塗っておく。
・バターを600Wの電子レンジで20秒
　程度加熱し溶かしておく。

| 作り方 |

1　ポリ袋にビスケットを入れ麺棒で細かく
　くだき、ボウルに移し、溶かしたバター
　を加えて混ぜる。

2　1を型の底に敷き詰めて、冷蔵庫で冷やす。

3　クリームチーズをボウルに入れ、ヘラで
　なめらかになるまで練り、グラニュー糖
　を加えてよく混ぜる。

4　ヨーグルト、生クリーム、レモン汁の順
　に加えその都度よく混ぜ合わせる。ゼラ
　チンを加えてよく混ぜ、型に流し入れて
　冷蔵庫で冷やす。

5　耐熱容器に水 (200ml)、はちみつ、レモ
　ン汁を入れて混ぜ (ⓐ)、600Wの電子レ
　ンジで1分加熱する。

6　ゼラチンを加え、溶け残りがないように
　しっかりと混ぜ合わせる。

7　粗熱が取れたら型に流し入れ (お好みの
　量)、冷蔵庫で3時間以上冷やす。

8　型から取り外し切り分け、レモンやハー
　ブを飾る。

雪解け
ティラミス風レアチーズケーキ

ふわふわのチーズケーキにカステラとマーマレードの風味を加え、
楽しい雪解けのイメージを表現しました。

| 材料 (15×15cm保存容器 or グラタン皿1個) |

クリームチーズ……200g
グラニュー糖……30g
生クリーム……200ml
マーマレード……適量
カステラ……6切
粉糖……適量

| 事前準備 |

・クリームチーズを常温に戻しておく。
・カステラの黒い部分をカットしておく。

| 作り方 |

1 カステラを容器に敷き詰め ⓐ、マーマレードを薄く塗り広げる。

2 クリームチーズをボウルに入れ、ヘラでなめらかになるまで練り、グラニュー糖を加えてよく混ぜる。

3 別のボウルで、生クリームをツノが立つまで泡立て、ヘラで泡をつぶさないように2と合わせる。

4 3を1に流し入れ、表面をならしたら、冷蔵庫で1時間以上冷やす。

5 冷蔵庫から取り出し粉糖を振る。

ヨーグルトレアチーズケーキ

ヨーグルトで作るチーズを使わないレアチーズケーキです。

| 材料（ヨーグルト瓶3~4個分）|

ギリシャヨーグルト……200g
　（＊プレーンヨーグルト400gでも可）

生クリーム……100ml

グラニュー糖……60g

粉ゼラチン……3g

水……大さじ2

レモン汁……小さじ1

| 作り方 |

1　ヨーグルト、グラニュー糖、生クリーム、レモン汁を順に加えて、その都度よく混ぜ合わせる。

2　ゼラチンを600Wの電子レンジで20秒加熱し溶かして、ボウルに加えたら、すばやく混ぜる。

3　瓶に流し入れ、冷蔵庫で3時間以上冷やす。

4　お好みのフルーツを添える。

| 事前準備 |

・プレーンヨーグルトを使う場合は、ペーパータオルを2枚重ねたザルの中に入れて、ボウルを受け皿にし冷蔵庫に置き、半量になるまで4時間ほど水切りをする⒜。

＊急いでいる時はヨーグルトの上にラップをかぶせ、その上に缶詰など重しになるものを置くと2～3時間でも仕上がります。

・水に粉ゼラチンを加え、ふやかしておく。

Part 6

空想チーズケーキ

Fancy Cheesecake

Arrangement

空想チーズケーキは、
こんなものがあったらいいなと
想像をふくらませた幻想的なスイーツ。
空想の世界からインスピレーションを得た
食べる人を異世界へ誘う魔法の一品。

海辺のグラスチーズケーキ

さわやかな海風と潮の香りを連想させる、涼やかなデザートをお楽しみください。

| 材料 (250mlのグラス2個分) |

[チーズケーキ生地]

クリームチーズ……100g

グラニュー糖……30g

プレーンヨーグルト……100g

生クリーム……100ml

レモン汁……小さじ1

粉ゼラチン……3g

水……大さじ2

[青ゼリー]

熱湯……200ml

バタフライピーティー ティーバッグ……1袋

グラニュー糖……30g

粉ゼラチン……3g

水……大さじ2

[飾り]

ホワイトチョコペン……適量

| 事前準備 |

・クリームチーズを常温に戻しておく。

・水に粉ゼラチンを加え、生地用・ゼリー用それぞれふやかしておく。

・ホワイトチョコペンを湯煎で溶かしクッキングシートの上でカモメに見立てたMを描き、冷蔵庫で冷やしておく。

| 作り方 |

1 クリームチーズをボウルに入れ、ヘラでなめらかになるまで練り、グラニュー糖を加えてよく混ぜる。

2 ヨーグルト、生クリーム、レモン汁を順に加えて、その都度よく混ぜ合わせる。

3 ゼラチンを600Wの電子レンジで20秒加熱し溶かして、ボウルに加えたら、すばやく混ぜる。

4 それぞれグラスに少量ずつ底が見えなくなるまで流し入れ、グラスを斜めにして、表面が斜めになるように固定して(a)、冷蔵庫で2時間以上冷やす。

5 ケトルで沸かした熱湯200mlを耐熱容器に移し入れ、グラニュー糖を加え混ぜ溶かす。

6 ゼラチンを600Wの電子レンジで20秒加熱し溶かして、5に加えてよく混ぜる。

7 3つの耐熱容器を用意し、だいたい150ml、40ml、20mlになるように移す。

8 バタフライピーティーのティーバッグをそれぞれに浸し、液体の量が少ないものほど濃くなるように青色をつける。

9 40mlと20mlの着色したゼリー液を冷蔵庫に入れ、30分ほど冷やし固める。

10 固まったら取り出し、フォークでそれぞれクラッシュする。

11 4を取り出し、傾斜の底になるほど青が濃くなるようにクラッシュしたゼリーを入れていく。

12 150mlのゼリー液を優しく注ぎ、冷蔵庫で3時間以上冷やす。

13 ホワイトチョコペンで描いたカモメをお好みで添える。

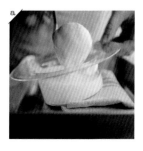

黒ごま雲と 三日月のチーズケーキ

深い夜空を彷彿とさせる、風味豊かな幻想的なデザートです。

| 材料 (パウンドケーキ型) |

[三日月の琥珀糖]
水……200ml
グラニュー糖……300g
粉寒天……4g
レモンシロップ……小さじ1

[黒ごま雲チーズケーキ生地]
クリームチーズ……200g
グラニュー糖……60g
プレーンヨーグルト……100g
生クリーム……100ml
黒ごまペースト……10g
粉ゼラチン……5g
水……大さじ2

[飾り]
金箔……適量
黒ごまペースト……適量

| 事前準備 |

・バットにクッキングシートを敷いておく
・クリームチーズを常温に戻しておく。
・水に粉ゼラチンを加え、ふやかしておく。

| 作り方 |

[三日月の琥珀糖]

1 小鍋に水と粉寒天を入れて混ぜ、中火で煮立たせる。

2 グラニュー糖を加えて混ぜながら煮溶かす。

3 弱火にして5分ほど煮詰める。

4 ヘラでとろみが付いていることを確認したら、バットに5mmほどの厚みになるように流し入れる。この時、小さな泡があればスプーンなどで取り除いておく。

5 スプーンなどでレモンシロップを少しずつ流し入れながら混ぜ、お好みの色みに調整する。

6 粗熱を取り、冷蔵庫で30分ほど冷やす。

7 固まったら取り出し、三日月のクッキー型でくり抜き、クッキングシートの上に間隔を空けて並べる。

8 3日~1週間ほど乾燥させる。

[黒ごま雲チーズケーキ生地]

1 クリームチーズをボウルに入れ、ヘラでなめらかになるまで練り、グラニュー糖を加えてよく混ぜる。

2 ヨーグルト、生クリームを順に加えて、その都度よく混ぜ合わせる。

3 黒ごまペーストを加えて軽く混ぜ、マーブル状にする(a)。

4 ゼラチンを600Wの電子レンジで20秒加熱し溶かして、ボウルに加えたら、すばやく混ぜる。

5 しぼり袋に移し、クッキングシートの上に雲の形になるように絞る。

6 冷蔵庫で3時間以上冷やす。

7 皿に盛り付け、三日月の琥珀糖をトッピングする。

8 飾り用の黒ごまペーストを周りに注ぎ、金箔を振る。

宝石のチーズタルト

まるで宝石のような輝きと、濃厚なチーズのマリアージュが楽しめる、
華やかなデザートのレシピです。

| 材料 (市販のタルト台6号サイズ1個) |

[宝石グミ]

水……100ml
グラニュー糖……30g
レモン汁……小さじ1
ゼラチン……10g
お好みの色のシロップ……適量

[チーズタルト生地]

クリームチーズ……200g
生クリーム……100ml
プレーンヨーグルト……100g
グラニュー糖……60g
レモン汁……小さじ1
粉ゼラチン……3g
水……大さじ2

| 事前準備 |

・宝石のシリコン型に薄く油 (分量
　外) を塗っておく。
・クリームチーズを常温に戻して
　おく。
・水に粉ゼラチンを加え、ふやか
　しておく。

| 作り方 |

[宝石グミ]

1 耐熱容器に水とグラニュー糖、レモン汁を入れて
　混ぜ、600Wの電子レンジで1分加熱する。

2 ゼラチンを加え、溶け残りがないようにしっかり
　と混ぜ合わせ、粗熱を取る。

3 作る色の数分だけピッチャーのような注ぎ口のあ
　る容器を用意し、移す。

4 それぞれに好みの色のシロップを少量ずつ加え、
　混ぜる。

5 バットの上にシリコン型を置き、それぞれに注ぎ
　入れる。

6 冷蔵庫で1時間以上冷やす。

[チーズタルト生地]

1 クリームチーズをボウルに入れ、ヘラでなめらか
　になるまで練り、グラニュー糖を加えてよく混ぜ
　る。

2 ヨーグルト、生クリーム、レモン汁を順に加えて、
　その都度よく混ぜ合わせる。

3 ゼラチンを600Wの電子レンジで20秒加熱し溶
　かして、ボウルに加えたら、すばやく混ぜる。

4 タルト台に流し入れ (ⓐ)、スプーンなどで表面をな
　らし、冷蔵庫で2時間以上冷やす。

5 お皿に盛り付け、[宝石グミ] を間隔が空くように並
　べる。

プ リ ン チ ー ズ ケ ー キ

プリンの形を型どった満足感のあるベイクドチーズケーキです。

| 材料（プリンカップ大2個分）|

［**カラメルソース**］

グラニュー糖……大さじ2

水……大さじ1

お湯……大さじ1

［**チーズケーキ生地**］

クリームチーズ……200g

卵……2個

生クリーム……200ml

薄力粉……20g

バニラエッセンス……3滴

グラニュー糖……80g

［**飾り**］

シロップ漬けさくらんぼ……2個

ホイップクリーム……適量

| 事前準備 |

・クリームチーズと卵を常温に戻しておく。

・卵を溶いておく。

・カップの内側にバター（分量外）を塗っておく。

・オーブンを170℃に予熱しておく。

| 作り方 |

［**カラメルソース**］

1 小鍋にグラニュー糖と水を入れ火にかけ、揺すりながら溶かしていく。

2 ぐつぐつと煮立ってきたら、大きな泡が小さくなるまでそのまま煮詰める（a）。

3 泡が落ち着き好みの色になったら火を止め、蓋をして隙間からお湯を注ぐ。
　＊蓋をするのは跳ねるのを防ぐため。

4 全体が均一になるように軽く混ぜ、カップに適量注ぎ入れる。

［**チーズケーキ生地**］

1 クリームチーズをボウルに入れ、ヘラでなめらかになるまで練り、グラニュー糖を加え、よく混ぜる。

2 溶き卵、生クリーム、バニラエッセンスを順に加えてその都度、混ぜ合わせる。

3 薄力粉をふるいながら入れ、さらに混ぜる。

4 カップに生地を流し入れる。

5 170℃に予熱したオーブンで30分焼く。

6 粗熱が取れたら冷蔵庫で3時間ほど冷やす。

7 カップから取り出し、ホイップクリームとさくらんぼを飾る。

クリームソーダゼリー
チーズケーキ

爽やかなメロンソーダの風味が広がる、軽やかで涼やかな夏に食べたいデザートです。

| 材料(200mlのグラス2個分) |

[**クリームチーズアイス**]

クリームチーズ……100g

グラニュー糖……30g

卵黄……1個分

レモン汁……小さじ1

生クリーム……150ml

[**メロンソーダ風ゼリー**]

サイダー……500ml

メロンシロップ……50ml

レモン汁……小さじ2

粉ゼラチン……10g

水……大さじ4

ナタデココ……適量

[飾り]

シロップ漬けさくらんぼ……2個

| 事前準備 |

・クリームチーズと卵黄を常温に
　戻しておく。

・水に粉ゼラチンを加え、ふやか
　しておく。

| 作り方 |

[**クリームチーズアイス**]

1　クリームチーズをボウルに入れ、ヘラでなめらかになる
　　まで練り、グラニュー糖を加えてよく混ぜる。

2　卵黄、レモン汁を加えて、なめらかになるまで混ぜ合わ
　　せる。

3　別のボウルで、生クリームを7分立てになるまで泡立て
　　たら、**2**を2〜3回に分けて加え、ヘラでさっくりと混ぜる。

4　バットに流し入れ、平らにならして冷凍庫で4時間以上
　　冷やし固める。

[**メロンソーダ風ゼリー**]

1　耐熱容器にサイダーの1/5を注ぎ、ゼラチンとレモン
　　汁を加え、600Wの電子レンジで2分加熱する。

2　ゼラチンが溶け残らないようにしっかりと混ぜ溶かし、
　　残りのサイダーを加えて混ぜる。

3　少量だけ別の容器に移し、残りのゼリー液にメロンシ
　　ロップを加え、粗熱がとれるまで冷ます。

4　メロンシロップを加えたほうのゼリー液をグラスに注ぎ、
　　冷蔵庫で1時間冷やす。

5　**3**で少量移したゼリー液をミルクフォーマーを使って泡
　　立てる(a)。

6　**4**を一度取り出し、ミルクフォーマーをグラスの中に入
　　れて泡立て(b)、ナタデココを箸などを使い氷に見える
　　ように入れていく。

7　**5**を乗せ、冷蔵庫で2時間以上冷やし固める。

[仕上げ]

1　[**メロンソーダ風ゼリー**]に、アイスディッシャーを使い半球
　　状に形成した[**クリームチーズアイス**]を乗せる。

2　さくらんぼを添える。

喫茶&カフェの
チーズケーキ

喫茶店やカフェで提供される、絶品のチーズケーキをご紹介します。
ひと息つきたい時に、贅沢なひとときを味わいたい時に、
ぜひお試しください。

Cafe
The SUN LIVES HERE

三茶の街をチーズケーキで彩る専門店

三軒茶屋で楽しみを提供するチーズケーキ専門店は、若い世代にも大人気。

その理由は空間作りへのこだわりもあるかもしれない。

「三軒茶屋に住む男友達の部屋」というテーマで2022年にリノベされた本店は、静かな住宅街を進んでたどり着いた気心の知れた友人の家というような安心する感覚がある。ショーケースにずらりと並んだチーズケーキを眺めながら、エスプレッソマシーンの駆動音と香ばしさを感じることでこの街の居心地をまた良くしてくれる。

ブルーベリーの乗ったレアチーズケーキは、酸味と甘みを増幅させチーズの主張を存分に引き立てつつ、後味は軽やかに楽しめる。他にもオレオを乗せた人気のチーズケーキや季節限定のチーズケーキがショーケースを埋め尽くしていて、見ているだけで幸せな気持ちになる。

テイクアウトで人気なメニューでは三層に分かれたチーズの変化を味わえるCHILK、PARK STORE店ではクリームチーズとサワークリームをぱんぱんに詰め込んだクリームドーナツなど、新しいけど、どこか懐かしい絶品なメニューが豊富に揃っている。

三軒茶屋に3店舗を出店しており、カフェやテイクアウトなどお目当てのメニューや用途に合わせて訪れてみるのもいいかもしれない。

1 ショーケースに並ぶCHILK
2 沢山のブルーベリーが乗った人気のチーズケーキ。さっぱりとした酸味が程よく軽やかな口当たりで食べ進めることができる。

INFO

「アメリカーノ」¥510、
「ブルーベリーチーズケーキ」¥ 600、
「CHILK」¥580〜（フレーバーにより異なります）

🏠 東京都世田谷区三軒茶屋1-27-33
☎ 03-6875-1730
🕙 10:00〜19:00 (Lo18:00)
🅗 https://www.cafethesunliveshere.com
🅘 @cafethesunliveshere

🏠住所 ☎TEL 🕙営業時間 🈺定休日
🅗HP 🅘Instagram 🅕Facebook
＊価格は2024年5月現在のものです

喫茶＆カフェの
チーズケーキ

Flor de café
樹の花

銀座に訪れたジョン・レノン夫妻の足跡を
探して、チーズケーキで思い出に浸る

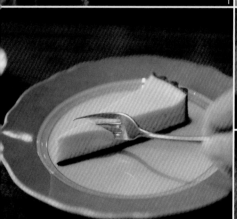

■ 先代から引き継がれたやかんの注
ぎ口はゆっくりとお湯を注ぎやすいよ
うに改良され、今もなお現役で珈琲を
淹れるのに使用されている。

1979年8月に開店した東銀座木挽町通りの一角にあるカフェ。

階段を上ると縦長の窓から差し込む光に照らされたウッド調のクラシカルな店内。

深緑の差し色のテーブル席が目と心を落ち着かせてくれる。

店内をよく見渡すと、銀座の街の文化を堪能していたジョン・レノンとオノ・ヨーコ夫妻が息抜きにこのお店を訪れた当時のサインや写真が飾られている。

先代から引き継がれたやかんで淹れるハンドドリップの芳醇な香りと店内に流れる音楽が、街の喧騒から引き離してイマジンの世界に引き込んでくれる。

ココア生地のビターめなタルトの上に、サワークリームとクリームチーズが二層になっているチーズケーキは細く美しいフォルムで、優しい甘さとしっかり濃厚な味わい。

フレーバー豊かな珈琲の中にもしっかりとしたボディがあり、チーズケーキと調和する。

ランチタイムに人気のカレーや、ジョン・レノンが実際に食したクッキーと珈琲セットなど他にも定番メニューがあるので、確かにいた偉人の形跡を探しながらこの落ち着いた空間でまたゆっくりと自分の時間にふけりたい。

INFO

🏠 東京都中央区銀座4-13-1 飯沼ビル2F
☎ 03-3543-5280
🕐 月・火・水・金・土 11:30〜18:30（Lo18:00）
　　日12:00〜17:30（Lo17:00）
🈺 木曜日

COFFEE
LUNCH
CHEESECAKE

TENEMENT

古民家で風情と温もりに包まれる
憩いの場所

広尾と恵比寿の間にひっそりと佇んでいるチーズケーキ専門店。

大きめの暖簾を潜っていくと、高めの天井や階段など古民家の名残を確かに残す。

一階にはペットと同伴で入れるので、おさんぽついでに生活の一部となっている方も多いのかもしれない。

レコードが奏でるミュージックが店内を包み、会話や息抜きなど各々の楽しみ方を提案してくれる。

保存料や合成着色料等は使用せずに丁寧に焼き上げたチーズケーキは、今ではたくさんの味の種類を楽しむことができる。

お店を始めた頃からある黒豆のベイクドチーズケーキが看板メニュー。

控えめの甘さで黒豆の食感が、ベーシックなチーズケーキとの違いを生み出してくれる。

チーズケーキ専門店ならではの、チーズケーキが入ったパフェも楽しめる。

自家製のチーズアイスやベリーソースといった層が織りなすマリアージュで、食べ進めても全く飽きさせない工夫が施されている。

独創的でかつどこか懐かしいようなシンプルな優しい味わいのあるチーズケーキは、このお店と街の人々とを繋いで憩いの場にしてくれる役割を果たしているのかもしれない。

1 チーズケーキが入ったパフェ。
2 ショーケースに入ったチーズケーキを眺めながら、気分に合わせてお気に入りを探す至福の時間。今日はツヤツヤなプレーンのチーズケーキにしようかな。

INFO

🏠 東京都渋谷区恵比寿2-39-4
☎ 03-3440-6771
🕐 11:30〜20:00（Lo19:00 ）
ⓘ @tenement_ebisu

お取り寄せできるチーズケーキ

{ Mr. CHEESECAKE }

特別なひとときに寄り添う
人生最高のチーズケーキ

「Mr. CHEESECAKE」は日本・フランスの星付きレストランで修業を積んだ経歴を持つ田村浩二シェフが手がけているチーズケーキ。

「世界一じゃなく、あなたの人生最高に。」という想いが込められたチーズケーキは〝人生最高のチーズケーキ〟と称され、多くの人を魅了している。

冷凍便で届くこの商品は、長期保存ができるのが嬉しいポイント。オリジナルの化粧箱を開封すると、食べ方の説明書が添えられている。

冷凍、半解凍、全解凍という3つの食感の違いを楽しむことができるのだ。半解凍でいただくのがシェフのオススメ。

湯煎で焼かれた生地の表面はしっかりと密度のある食感。

一方で、生地の内側は口の中で溶けていくような舌触りの良さを感じる。小麦粉を使用しない製法で実現したなめらかな食感は一口食べるとやみつきに。

さらに、バニラやレモン、トンカ豆の芳醇で爽やかな香りが口いっぱいに広がってゆく。製法、食べ方に至るまでシェフの想いが込められた Mr. CHEESECAKE は特別な日や大切な人との時間を過ごす際に、至福のひとときをもたらしてくれるに違いない。

上品な白の化粧箱はオリジナルのデザイン。他にも紙製の保冷バッグ入りの商品や4種セットなども取り扱っている。

INFO

Mr. CHEESECAKE classic/Box
¥4,536（税込）
サイズ：1本（約17cm）
Ⓗ https://mr-cheesecake.com
Ⓘ @mr.cheesecake.tokyo

Ⓗ HP Ⓘ Instagram

お取り寄せできるチーズケーキをご紹介！自宅でのリラックスタイムや特別なお祝いの席に、
ぜひこのチーズケーキを取り寄せて、素晴らしい味覚体験を楽しんでください。

BLANCA

食通を虜にする一線を画した
本格派バスクチーズケーキ

マットで柔らかな輪郭の丸く白いボックスを開けると、バスクチーズケーキ特有の黒々とした表面が顔をのぞかせる。そんな明暗のコントラストが印象的なのが「BLANCAバスクチーズケーキ」だ。

ミシュランガイド京都・大阪で一ツ星を獲得した経歴を持つスペイン料理の名店が監修している。口コミを通じて広まり、食通が知る人ぞ知るチーズケーキ。

定番フレーバーのバスクチーズケーキは職人が手作業で丁寧に作っていて、高温で焼き上げられた時に生まれる焦げが、マイルドなチーズケーキのアクセントになっている。

カラメルのようなほろ苦い風味と上品な甘さが後を引く。まさに大人の味。

冷蔵で届けられるチーズケーキは解凍不要で、届いたその日にそのまま食べることができる。

期間限定のフレーバーも取り扱っており、抹茶や焼き芋、紅玉林檎など、どれも個性豊かなものばかり。季節ごとに楽しめるのも魅力のひとつ。それぞれのフレーバーをイメージしたカラーのパッケージには胸が高鳴る。届いてから食べるまで高揚感が続く『BLANCA』のバスクチーズケーキは味や香り、食感など五感を研ぎ澄ませてしみじみと味わいたくなる印象的なチーズケーキだ。

洗練されたボックスに入ったチーズケーキはプレゼントとしても最適。メッセージカードを選択して同梱することもできる。

INFO

BLANCAバスクチーズケーキ
¥4,968（税込）
サイズ：直径約12cm 厚さ約4.5cm
Ⓗ https://blanca-cheesecake.com
Ⓘ @blanca_cheesecake

観音屋

長年愛され続ける老舗の名店の味

昭和50年に創業したコーヒーとチーズケーキのお店、『観音屋』。

神戸で長年愛され続けているのがこの「デンマークチーズケーキ」だ。チーズ好きの先代が世界中のチーズの中から選び抜いたデンマーク産の純正チーズは、しなやかでコクがありながらも酸味を感じる。

それでいてすっきりとした風味もあわせ持っていて、土台のスポンジと相まって絶妙な一体感が保たれている。食べる直前にオーブントースターで温めて、できたてほやほやの状態を味わうのが『観音屋』のスタイル。

ふんわりとしたスポンジを包み込むようにチーズがとろりととろけていく。

一口すくった時にチーズが伸びてゆく姿には心が躍る。飽きのこない甘さと塩気の絶妙なバランスで、口に広がる香ばしい香りはどこか懐かしさを呼び起こす。

オンラインショップでは6個セット、8個セット、10個セット、12個セットから選ぶことができ、ギフトラッピングにも対応しているとのこと。

チーズケーキは小分けに包装されていて、手みやげとしても喜ばれそうな一品だ。なにより食べやすい手のひらサイズだからこそ、まとめ買いがしやすく、来客へのおもてなしにも活躍してくれる心強さがある。

デンマークの国旗を彷彿とさせる鮮やかなパッケージが目を引く。持ち手がついているため、持ち運びがしやすい。

INFO

デンマークチーズケーキ6個セット
¥2,400（税込）
サイズ：直径9cm 厚さ2cm
Ⓗ https://kannonya.co.jp
Ⓘ @kannonya_official

トロイカ

クッキー生地とチーズケーキ生地の
マリアージュがたまらない

　昭和48年創業。岩手県北上市に店を構えるロシア料理とチーズケーキのお店『トロイカ』。

　その中でも人気のメニューが「オリジナル・ベイクド・チーズケーキ」。まるで絵本の中から飛び出してきたような、ひときわ目を引くビジュアル。

　表面の網目模様のクッキー生地は優しく香ばしい風味で、口の中でほろほろとほどけてゆく。中のチーズケーキ生地は、とろりと濃密な味わい。

　ベイクドチーズケーキであることをつい忘れてしまうほどにクリーミーな食感だ。この味に辿り着く鍵となったのは平成9年から当店直営工房で手作りのチーズを始めたことだそう。何度も改良を重ねて、手作りのカッテージチーズを使用したチーズケーキはまさに唯一無二の味。原材料に関しても並々ならぬこだわりを持っていることが窺える。

　チーズケーキのサイズは5号（直径15cm）、6号（18cm）、7号（21cm）の3種から選ぶことができる。

　急いで食べたい時や、少しずつ解凍して楽しみたい時にも対応できる冷蔵品や冷凍品も用意されている。シチュエーションに合わせて手に入れたくなる一品だ。

写真は6号（18cm）サイズのオリジナル・ベイクド・チーズケーキをカットしたもの。断面のきめ細かな質感が美しい。

INFO

オリジナル・ベイクド・チーズケーキ
サイズ：5号（直径15cm）¥3,476（税込）、6号（直径18cm）¥4,675（税込）、7号（直径21cm）¥6,953（税込）

Ⓗ https://troika-kitakami.com
Ⓘ @troika_aguri

{ CHEESE STAND }

自家製チーズをふんだんに使った
贅沢チーズケーキ

「街に出来たてのチーズを」をコンセプトに展開するチーズ専門店の『CHEESE STAND』が手がけたチーズケーキ。それが「KOSSO RICOTTA CHEESECAKE」だ。

このチーズケーキの大きな特徴は自家製リコッタと自家製マスカルポーネを新鮮な状態でたっぷり使っているところ。リコッタチーズはホエイ（乳清）を原料としているため、脂肪分やカロリーが控えめ。そのため夜中にコッソリ食べても罪悪感を感じさせない。オススメの食べ方は半解凍。冷蔵庫内で2時間半を目安に解凍することでチーズの風味をしっかりと味わえるのだそう。

食べ進めるたびに、口の中でふんわりと溶けてゆくような軽やかな口当たり。チーズそのものの味を楽しむことができるのは、チーズケーキ好きの心をくすぐる。

原材料に使われているレモンは『くじら柑橘農園』のもの。減農薬で栽培され、ワックスや防腐剤不使用で皮まで安心して使うことができるのが魅力。デザイナー平塚大輔さんが手がけたパッケージのイラストは、周りを窺うようにこっそりとした雰囲気を醸し出していて、なんとも愛しい。自分だけの秘密にしておきたくなりつつも、ついつい誰かに教えたくなるような心惹かれるチーズケーキだ。

添加物や小麦粉を使っていないため、グルテンフリーを気にかけている方も安心して食べることができる。

INFO

KOSSO RICOTTA CHEESECAKE
¥2,970（税込）
サイズ：直径21cm程度
Ⓗ https://onlineshop.cheese-stand.com
Ⓘ @cheese_stand

テイクアウトしたいチーズケーキ

テイクアウトしたいチーズケーキをご紹介します。
ぜひ、お気に入りのチーズケーキを見つけて、至福の味わいをお楽しみください。

JOHANN
ヨ ハ ン

おじいちゃんたちが築き上げてきた
古き良き伝統のチーズケーキ

　目黒川沿いにあるチーズケーキ専門店『JOHANN（ヨハン）』は昭和53年の創業以来、同じ材料と分量にこだわり、変わらぬ味を守り続け、親子2世代でのファンも多い名店。

　平均年齢70歳以上のおじいちゃんたちが作るケーキ屋さんとしても知られ、シンプルで美しいチーズケーキは手みやげにも喜ばれている。チーズケーキは、香料や着色料、保存料や水などは一切使わずに焼き上げ、チーズの濃厚な風味が引き立つようにと甘さは控えめに作られている。

　出来上がってから一晩寝かせることで、しっとりなめらかな食感に仕上がる。

　メニューはナチュラル、サワーソフト、メロー、ブルーベリーの4種類。食べてみると種類ごとに質感やなめらかさが確かに違い、一つ一つが洗練されたチーズケーキだということがよくわかる。

　4種セットを購入して食べ比べをするお客さんも多く、冷蔵、冷凍でも、一週間ほどは味を落とさず保存ができる。

（上）写真左からナチュラル￥490、ブルーベリー￥490、サワーソフト￥500、メロー￥490（すべて税込）。店頭では大人数用のホールケーキの丸型と角型がある。

INFO

「**チーズケーキ（ナチュラル、メロー、ブルーベリー）**」1切￥490（税込）、「**サワーソフト**」1切￥500（税込）、4種セット￥1,950（税込）

🏠 東京都目黒区上目黒1-18-15
🕐 夏場（4〜9月）10:00〜18:30、冬場（10〜3月）10:00〜18:00
🈺 お盆、お正月を除き無休
Ⓗ http://johann-cheesecake.com

🏠住所 🈺営業時間 🈺定休日
Ⓗ HP Ⓘ Instagram

BELTZ
ベルツ

こだわりの火入れが生み出す
とろ〜り濃厚な味わい

　スペイン・バスク地方の美食の街、サンセバスチャンで生まれたバスクチーズケーキ。一見すると失敗作のように見える〝焦げ〟は、表面をあえて焦がすことによりカラメルのような香ばしい風味が生まれる。

　外側はベイクドチーズケーキのようでありながら中心部はとろりとクリーミーな仕上がりになるのが特徴的。

　そんなバスクチーズケーキを、チーズケーキ専門店『BELTZ（ベルツ）』では日本人が好むようにレシピから焼き時間や温度などを試行錯誤して、表面はこんがりと香ばしく、内側は口の中でふわりととろけるクリーミーで濃厚な味わいを作り上げている。

　コーヒーや紅茶に合わせるのはもちろん、赤ワインなどのお酒のお供としても親しまれる。ブラックペッパーや岩塩、カイエンペッパーなどをお好みで加えると、スイーツとは全く違った味わいも楽しめるのが魅力的。

　サイズは直径6cmのSサイズと12cmのMサイズの2種類。焼き上げる際に側面から熱が伝わるため、しっかりめが好みであればSサイズ、クリーミーな部分をたっぷりと味わいたければMサイズがおすすめ。

写真は「Sサイズ」¥750（税込）。「Mサイズ」¥2,800（税込）のみオンラインショップでも購入可能。

INFO

「Sサイズ」¥750（税込）、「Mサイズ」¥2,800（税込）

🏠 東京都渋谷区広尾2-2-18
🕐 11:00〜19:00
🈺 水曜日
🅗 https://beltztokyo.stores.jp
📷 @beltz_tokyo

Equal
イコール

低温で焼き上げたチーズケーキは
正真正銘のなめらかさ

『Equal』は下町情緒が漂う幡ヶ谷・西原商店街に2019年にオープンしたお店。

代々木八幡のビストロ『PATH（パス）』のシェフ・パティシエの後藤裕一さんが手がけ、オープンしてから現在に至るまで行列が絶えない人気店になっている。

小さな子供から年配の方まで気楽に立ち寄れるテイクアウトのみの〝街のお菓子屋〟さん。

人気のレアチーズケーキは『PATH』で出していたチーズケーキを、テイクアウト用にアレンジしたもの。

通常レアチーズケーキは材料を混ぜて固めるが、『Equal』のチーズケーキは低温で2時間じっくりと火入れをして仕上げる正真正銘のレアチーズケーキ。

断面を見ると一番上にはうっすらと生クリームの層があり、その下にクリームチーズ、タルト生地という構成になっている。

とても火を入れているとは思えないほどなめらかな舌触りで甘さと酸味のバランスもよく利いている。今日のおやつは何にしよう？ とショーケースに並ぶケーキたちを眺める時間は至福のひととき。チーズケーキの他に焼き菓子も取り扱っているので、ケーキと一緒に買いにくるお客さんも多い。

なめらかな質感ゆえにテイクアウトをするには持ち帰る際の振動などで崩れるおそれがあるため、試行錯誤を重ねて作られたのがこの形状。

INFO

「チーズケーキ」¥650（税込）

🏠 東京都渋谷区西原2-26-16
🕙 10:00〜17:00（売切れ次第終了）
🈺 月曜日、火曜日、水曜日
Ⓘ @equal_pastryshop

＊2024年6月23日より工事のため休業、同年9月に再オープン予定

おわりに

チーズケーキというのは、ただのデザートに留まらず、僕らの日常に寄り添い、さまざまな場面で笑顔にしてくれる特別な存在のように感じています。その魅力は、おいしさだけでなく、心にも深く染み入るものがあります。

本を手がける中で、チーズケーキの心温まるおいしさに、お腹と心が満たされる日々でした。その優しい味わいは、まるで愛情たっぷりに焼き上げられた思い出の味を彷彿とさせます。チーズケーキは、おうちのテーブルで味わうもよし、お店の落ち着いた空間で楽しむもよし。どんなシチュエーションでも私たちを包み込んでくれる、暮らしにおいて心強い味方です。

この本が、皆様の毎日にちょっとした贅沢と幸せを届けられたなら、それ以上の喜びはありません。チーズケーキの魅力とそれらを手がける人々の温かさを分かち合う機会に感謝し、これからも空想喫茶トラノコクは夢をお届けしていきます。

最後に、この本を手に取ってくださった読者の皆様に心からの感謝を捧げます。これからも新たな発見とおいしい出会いが、あなたの人生を彩り豊かにしてくれますように。

空想喫茶トラノコク

こんな居場所があったらいいなという会話から生まれた、SNS上で営業中の空想の喫茶店。4人の店員がレシピを考案、調理、撮影を手がけ、X（旧Twitter）やYouTubeなどで喫茶店の世界観を発信している。著書に『空想喫茶トラノコクのおうち喫茶レシピ』（ワニブックス）、『東京を旅する 異世界喫茶店めぐり』（KADOKAWA）がある。
X @toranocoku
Instagram @toranocoku
YouTube［空想喫茶トラノコク］

デザイン
髙見朋子（文京図案室）

写真
空想喫茶トラノコク

校正・校閲
加藤 優

編集
石川加奈子

プリンティングディレクター
丹下善尚（TOPPANクロレ）

至福のチーズケーキ本

2024年7月21日　初版第1刷発行
2024年9月20日　初版第2刷発行

著者
空想喫茶トラノコク

発行人
諸田泰明

発行
株式会社エムディエヌコーポレーション
〒101-0051 東京都千代田区神田神保町一丁目105番地
https://books.MdN.co.jp/

発売
株式会社インプレス
〒101-0051 東京都千代田区神田神保町一丁目105番地

印刷・製本
TOPPANクロレ株式会社

Printed in Japan
©2024 toranocoku. All rights reserved.

［カスタマーセンター］
造本には万全を期しておりますが、万一、落丁・乱丁などがございましたら、送料小社負担にてお取り替えいたします。お手数ですが、カスタマーセンターまでご返送ください。

落丁・乱丁本などのご返送先
〒101-0051 東京都千代田区神田神保町一丁目105番地
株式会社エムディエヌコーポレーション カスタマーセンター
TEL：03-4334-2915

内容に関するお問い合わせ先
info@MdN.co.jp

書店・販売店のご注文受付
株式会社インプレス 受注センター　TEL：048-449-8040／FAX：048-449-8041

ISBN978-4-295-20665-1
C2077

| 購入者限定特典 |

皆様へ贈る特別動画。空想喫茶トラノコクの店員によるラジオコンテンツです。
https://www.youtube.com/watch?v=l-mgoVSekZ8